CONFESSION
GÉNÉRALE

DE SON ALTESSE SÉRÉNISSIME

Mgr. LE COMTE D'ARTOIS,

Déposée, à son arrivée à Madrid, dans le sein du T. R. P. Dom JÉROME, Grand Inquisiteur, & rendue publique par les ordres de Son Altesse, pour donner à la Nation un témoignage authentique de son repentir.

Confiteor Deo & Populo.

Seconde Édition.

A BRUXELLES,

ET SE TROUVE A PARIS,

Chez le Secrétaire des Commandements de Mgr. l'Archevêque de Paris.

Et chez tous les Supérieurs des Communautés, même celle de S. Lazare.

Le 1er Août 1789.

CONFESSION GÉNÉRALE

De Son Altesse Sérénissime

Mgr. LE COMTE D'ARTOIS.

LES yeux remplis de larmes, que la rage ſeule faiſoit couler, déteſtant moins ſon infâme conduite, que pénétré du regret de n'en pas recueillir le fruit, S. A. S. Monſeigneur le Comte d'Artois arriva à Madrid, après avoir penſé éprouver à Lyon la fureur légitime d'un peuple juſtement irrité : tantôt il ſe repréſentoit la perte des careſſes lubriques de ſon illuſtre belle-ſœur, les emportements de la Tribade Polignac; enſuite l'ambition ſuccédoit à ce ressouvenir amer ; les réflexions sinistres assiégeoient son cœur ; & le désespoir de n'avoir pu consommer son exécrable forfait, augmentoit l'affreuse situation de ce coupable Prince.

» Eh quoi ! se disoit-il, doutant-même de son existence ; suis-je bien moi? » quelle révolution ! & quelle en sera » la suite ? C'est donc en vain que l'amour, cette passion tyrannique, m'a » fait tout entreprendre : adultere, » presque assassin, j'ai violé les droits les » plus respectables, ceux de fraternité » & d'époux. Ce sont les fruits adultérins d'une union réprouvée, qui doivent un jour régir la Monarchie » Française. Au fond du cœur méprisant le Monstre qui secondoit mes » vues criminelles, j'ai contribué à » ses plaisirs, pour me frayer un chemin qui pût me conduire au Trône ;

» un instant de plus, la France étoit
» à moi; les Ministres m'étoient dé-
» voués, la lâche trahison me donnnoit
» la moitié des suffrages, la force & la
» violence m'assuroit de l'autre: un Bre-
» teuil, un Barentin, parvenus à s'em-
parer du timon de la Monarchie,
» avoient déposé dans mon sein le ser-
» ment sacré d'une odieuse & indigne
» fidélité. Un instant, un seul instant
» a tout détruit: du faîte des gran-
» deurs je tombe dans l'avilissement;
» l'horreur & l'exécration sont les seuls
» sentiments que j'inspire, & mon nom
» désormais ne sera plus que le signal
» de la terreur & de l'effroi.

» Quel parti prendre! Divinités in-
» fernales! vous à qui j'ai toujours sa-
» crifié, présidez maintenant à mes
» idées; ma raison est bouleversée,
» soyez-moi propices, & je vous voue
» un hommage éternel.

» Mais quel rayon de lumiere vous » faites luire à mes yeux, & quel sentiment vous faites naître en mon » cœur ! Déjà mon espoir se rétablit. » O Sathan, mon génie tutelaire, non, » ce n'est point en vain que je t'in- » voque ! D'Artois sera toujours d'Ar- » tois, l'ennemi de la Nation, & ton » fidele suppôt. «

C'est ainsi que raisonnoit l'indigne rejetton d'un sang illustre ; c'est un Bourbon qui dans son cœur prononce le serment affreux d'accabler le peuple de sa haine ; & pour l'aider à y réussir, la politique fuit de la Cour Française & le suit en Espagne pour l'infecter de tout son poison.

Quel changement & quel affreux tableau d'hypocrisie va nous présenter S. A. arborant l'étendart de l'humilité, poussant des soupirs affectés par intervalle, se frappant la poitrine ; telle est la maniere que le Comte d'Artois, paroissant se traîner à peine, emploie pour se présenter au Tribunal affoibli de l'Inquisition. Son titre qu'il a tant de fois méconnu, l'honneur de son nom dont il s'est rendu tant de fois indigne, le font parvenir aux pieds de Dom Jérôme, grand Inquisiteur. Après avoir frappé trois fois la terre de son front, suivant l'usage, humblement baisé le pan de la robe du R. P. Hypocrite, d'Artois s'exprime en ces termes :

» O mon Pere ! organe sacré de » la Majesté Divine, c'est à vos ge- » noux que je viens réclamer la mi- » séricorde d'un Dieu dont je redou- » te le courroux ; puis-je espérer » d'obtenir quelque grace ? le nom- » bre de mes iniquités est si grand » que j'ai tout lieu de despérer du » pardon. C'est en en déposant le far-

» deau dans votre ſein qve je vous
» ſupplierai d'employer auprès de
» lui votre interceſſion : ce n'eſt pas
» ſeulement le cri de ma conſcience
» qui m'aſſaille ; c'eſt encore les gé-
» miſſements d'un peuple que j'ai ren-
» du malheureux. Artiſan de ſon in-
» fortune, ſa miſere eſt mon ouvrage.
» J'ai égaré le plus tendre des freres,
» un Roi vertueux ; j'ai fait un Mo-
» narque foible ; j'ai aveuglé toute
» une Nation ſur ſes qualités royales,
» & la deſtruction totale du Royaume
» étoit le vœu de mon cœur; j'en
» aurois ſans doute vu l'accompliſſe-
» ment, ſi l'Être ſuprême n'avoit re-
» gardé les Français en pitié.

Daignez donc, ô mon pere, me
» réconcilier avec moi-même ? L'é-
» normité de mon crime m'a ren-
» du vil à mes propres yeux ; la naiſ-
» ſance, le rang, devoient me ren-

» dre l'exemple de l'univers ; la baſ-
» ſeſſe de ma conduite m'en a rendu
» l'opprobre.

Le Religieux, trompé par cette douleur apparente & les démonſtrations de ce faux repentir, entreprit de conſoler S. A. en lui diſant : eſpérez, eſpérez tout, mon fils, de la grace divine ; ſi la voix publique condamne avec raiſon le tiſſu d'abominations que vous avez commiſes,
» l'aveu que vous allez en faire, la
» pénitence que le Très-Haut vous im-
» poſera par mon miniſtere, ſera le
» fondement de votre retour à la ver-
» tu, & le premier acte de votre
» réſignation à ſa juſtice : deſcendez
» dans votre cœur, & courbez-vous
» devant l'Image de votre Dieu. «

On preſſent bien que ce commandement propageoit la rage dans le cœur de S. A. toute la terre connoît l'orgueil de ce Prince, & il ne falloit pas moins que la nécessité pour qu'il s'y soumît. La nécessité, cette loi impérieuse, lui crioit aux oreilles : *Superbe, humilie-toi.* Tout le détermina à embrasser ce parti. Après donc quelques moments d'un feint anéantissement, S. A. poussant des soupirs, fit au grand Inquisiteur la confession des atrocités qui le rendront à jamais l'objet du mépris & de la haine.

» Non-seulement, mon Révérend » Pere, je vais par ma sincérité chercher à regagner les faveurs célestes; » mais encore je veux que mon repentir soit public, & dévoiler à la » Nation, que j'accablois d'outrages, » les forfaits que je vais déposer dans » votre sein. Puisse un Peuple qui me » déteste, avec raison, oublier en

» partie que je suis le principe de » son désastre , & ne me pas sacri- » fier à sa vengeance , en voyant les » larmes de sang que le remords me » fait verser.

» Je glisserai rapidement sur mes » premieres années. L'éducation des » Princes , si brillante en apparence, » mais vicieuse en otus ses points , » fut la base de ma conduite : un ca- » ractere méchant , féroce même , an- » nonçoit déjà dans mon enfance à la » Nation Française que je serois son » oppresseur.

» Tout favorisoit alors le pen- » chant décidé qui me portoit au » mal. La mort de Louis XV , l'é- » lévation de mon frere aîné , sa bon- » té naturelle qui éloignoit de son » ame le soupçon du crime , sa con- » fiance , sa sécurité , les acclama-

» tions, les éloges de son peuple, l'as- » suroient de la fécilité publique ; il » la croyoit éternelle. Hélas ! quelle » étoit son erreur ! il ignoroit que les » Princes de son Sang, son frere mê- » me, son propre frere, que tout » devoit rendre les protecteurs chéris » de la Nation, travailloient sourde- » ment à sa destruction.

» Ce fut du moment que la dissi- » pation & les excessives prodigalités » penserent épuiser l'immensité de » mes moyens, que je m'égarai, me » perdis ; l'injustice me domina ; la » soif brûlante des richesses vint me » tourmenter ; je n'y pus résister, & » rien ne put réprimer les concussions » que je mis en usage pour augmenter » mes revenus. Je tyrannisai mes vas- » saux ; insensible à leurs peines, à » leurs fatigues, je les rançonnai sans » pitié, & le plus souvent je sacrifiai

» au hasard du jeu ou à la vîtesse d'un » cheval anglais, ce fruit de la ra- » pine & de la vexation.

» Non, jamais je ne pris me ren- » dre assez coupable, ô mon Pere! » il faut, que dis-je, il faut? l'hon- » neur que j'outrageai, la religion » que je méprisai, la douleur que je » ressens, tous ces justes motifs me » font un devoir, me contraignent à » vous accuser quelle étoit alors la » noirceur de mon ame & l'indignité » de mes sentiments. Oui, mon Pere, » c'étoit peu pour mon lâche cœur » d'opprimer ainsi l'infortuné; le » plus pur de son sang suffisoit à peine » pour étancher la soif cruelle dont » j'étois dévoré. Promenant sur le » Trône des regards envieux, je mau- » dissois le destin de m'avoir fait » naître le plus jeune de mes freres; » je l'accusai d'injustice, & dès ce mo-

» ment je vouai à mon frere, à mon » Roi, une haine dont il ne tarda pas » à éprouver les barbares effets.

» Je m'appliquai sérieusement à » connoître sur quel fondement un » Monarque établissoit sa grandeur ; » je reconnus qu'elle étoit fixée sur » l'équilibre, & que peu de choses suf- » firoit à lui faire perdre. La tendresse » du Peuple l'avoit toujours maintenu : » je travaillai à l'anéantir, & j'y » parvins. Les infâmes agents que je » produisis au ministere servirent mes » complots, & le meilleur des Rois » séduit, égaré, perdit par dégrés » l'amour du français. O mon Pere ! » tels furent les premiers pas que je fis » dans la carriere du crime.

» L'état affreux de la France est » mon ouvrage. Je vous l'accuse, » j'avois médité sa ruine, & sa perte

» étoit l'aliment qui nourrissoit mon » ambition. Les conseils & les sages » représentations d'une épouse ver- » tueuse ne mirent pas de frein à ma » rage effrenée ; elle ne fit qu'allumer » mon ressentiment ; je l'accablai » d'outrages , & les moins détestables » que je lui fis essuyer , fut de lui » associer les plus viles Catins & les » plus lubriques Courtisannes de ce » siecle.

» Sortant de ses bras où le caprice » me ramenoit par fois , je ne laissai » jamais subsister aucun doute sur » mon intention, & ne lui dissimulois » point que le devoir ni le sentiment » n'avoient aucune part à mes caresses. » Je poussai la barbarie jusqu'à l'ins- » truire de mes déréglements. J'affichai » la dépravation , sans avoir la politi- » que de voiler mes déportements.

» Violemment incommodé *d'une » indigestion de biscuits de Savoie*, (1) » je vais, disais-je à mon cocher, *pren- » dre du thé à Paris*. La Duthé, cette » infâme créature, cette exécrable » Messaline sortie de la fange des plus » sales B....... de la Capitale, devint » mon idole & l'objet de mon culte » & de mes hommages. Je les lui offris » en public, & bravant insolemment » la censure de mon Roi, l'indigna- » tion d'un Peuple que je méprisois, » je forçai ceux qui étoient sous » ma dépendance à plier le genou » devant l'odieuse prostituée que » j'adorois.

» O mon digne & très-Révérend

(1) Jeu de mots sur Marie-Thérese de Savoie, Comtesse d'Artois, & la Duthé, P.... si renommée, dont le faste écrasoit celui de la Majesté Royale.

Pere !

» Pere, comment, sans mourir de
» honte, vous faire le détail de mes
» courses nocturnes, les orgies scan-
» daleuses que j'y commettois, les
» risques que j'y courus? Compromis
» dans les plus noirs taudions,
» avec les scélérats & le rebut de la
» populace; un Prince du Sang Royal,
» un Frere du Roi, mangeoit, buvoit
» familiérement avec cette race ab-
» jecte, & m'assimilant avec eux de
» cette sorte, je ne rougissois pas
» de me déclarer leur confrere & leur
» appui.

» Un mal affreux germa dans mon
» sein: ce noir poison, distillé par le
» libertinage, pensa devenir funeste à
» ma digne & adorable épouse. Alors
» je cessai de fréquenter ces obscurs &
» dégoutants repaires, sans cependant
» en devenir plus sage, & je présentai

» de nouveaux vœux à la prostitu-
» tion.

» Contat, cette volage Actrice dont
» la renommée publioit les charmants
» attraits, enflamma mon cœur de la
» passion la plus vive, & sans m'arrêter
» à l'indigne source dont elle est
» sortie (1), sans aucune considéra-
» tion pour son état, si incompatible
» avec mon rang & mon nom, je
» m'étourdis sur la bassesse dont je me
» rendois coupable ; je bravai la cla-
» meur publique sur le tableau sincere

---

(1) La Contat est fille d'une revendeuse de fruits & d'un Mouchard de Robe-courte. Son frere, sacripant de la premiere classe, exerce encore cette honorable fonction, & cette héroïne de coulisses est sans contredit l'Actrice la plus déréglée de tous les théâtres.

» de ses abominables mœurs; je fis de » Contat ma divinité.

» C'est dans les embrassements de » cette Prêtresse de Priape que j'é» puisai tous les ressorts de la fausse » volupté : pour me plaire elle me » dévoila tous les secrets de l'Arétin, » dont la pratique m'a depuis toujours » été chere. Je m'énervai par la bruta» lité de mes révoltants transports, & » je n'avois plus pour la céleste com» pagne que le Ciel m'avoit donnée, » que la froideur la plus insultante.

» *Bagatelle.* Ce charmant asyle de » la débauche, devint le sanctuaire » de la mollesse & du libertinage : mes » complaisants & délicats pourvoyeurs » fournissoient tous les jours ce temple » de nouvelles Déesses; j'y promenois » des regards languissants; mes sens

» émoussés par les jouissances de tous » genres que je m'étois procurées, ne » se ranimoient qu'à peine ; il falloit les » exciter par l'attrait piquant de la » nouveauté : c'est ce que je fis.

» J'osai jetter un œil prophane sur » Madame la Duchesse de Bourbon : » ce secret inconnu jusqu'alors me » couvre encore de honte & de con- » fusion : mon aveu coupable irrita sa » vertu. Désespéré de ce refus, je » l'insultai, & tout Paris fut témoin » de la vengeance de son époux ; j'y » fis remarquer la lâcheté dont mon » cœur est susceptible ; & je fis con- » noître à la Nation Française com- » bien je me souciois peu de démentir » & deshonorer un sang illustre.

» Malgré la politique dont je me » servois, l'infamie de ma conduite » commençoit à percer; l'indignation

» ſoulevoit les eſprits ; les épigrammes » ſanglantes & méritées m'étoient » adreſſées de toutes parts : je m'é- » loignai, & Gibraltar fut le théâtre » que je choiſis pour me ſignaler par » de nouveaux exploits.

» Vous les connoiſſez, ô mon Pere ! » l'adulation me couronna de lauriers, » & la vérité me les arracha ! hué ! » ſifflé de tous les vrais braves, guer- » rier ſans gloire, frere ſans amitié, » pere ſans naturel, époux ingrat, » citoyen perfide, Prince ſans déli- » cateſſe, il ne manquoit à tous ces » titres, qui m'étoient diſtribués par » toutes les bouches & les cœurs de » la Capitale, que celui de lâche pa- » triote. Avec juſtice on me le décerna. » Aujourd'hui proſcrit, rejetté de mon » auguſte Famille, le peuple a mis ma » tête à prix : eût-elle tombée ſous » ſon glaive vengeur, & mon cada-

» vre souillé par la poussiere & foulé » aux pieds, privé de sépulture, je » n'aurois que foiblement expié mes » forfaits.

» A mesure que je perdois l'estime » & la confiance publique, la rage » s'accrut dans mon ame, le nom » Français me devint odieux; j'abhor- » rai son existence, & j'associai mon » farouche ressentiment à la barbare » R. . . . que le plus malheureux des » Rois avoit prise en Germanie pour » former le bonheur de ses jours.

» Nos cœurs furent bientôt unis; » le crime le plus atroce cimenta » cette union. Sans égard aux droits » du sang, je souillai la couche nup- » tiale, & fis féconder la Famille » Royale. Plus de mystere alors; ne » respirant plus tous deux que fureur » & vengeance, nous nous assurâmes

» des Miniſtres ; nous nous défîmes » des gens vertueux dont la gêne » continuelle contrarioit nos deſſeins. » Nous pillâmes le Tréſor royal, & » le Pere du peuple, obſédé de traîtres, » ignoroit le malheur de ſes enfants, » & l'orage affreux qui menaçoit la Monarchie.

» L'exécrable Polignac, ce monſtre » déteſté, ce monſtre indéfiniſſable, » comme une quatrieme furie, ſe joi- » gnit à la cabale, & ſe fit une gloire » d'en diriger les inſignes manœuvres. » Adorée de la R. . . . à laquelle elle » avoit fait adopter ſes goûts infâmes, » elle ſe partageoit alternativement » entr'elle & moi, & nous avions » formé par cette intime réunion le » plus affreux trio.

» Rien ne coûte à cette Mégere ; » ſon ame paſſa dans la mienne ; le

» même génie nous anima ; nous épuisâmes la France ; crime léger, qui » ne suffisoit pas à notre fureur ; la » destruction totale de ses Habitants » étoit le vœu le plus ardent de notre » cœur.

» Cond., Cont., de Guiche, tout » aussi lâches, aussi perfides que nous, » augmenterent le nombre des tyrans » de la Nation ; nous soufflâmes dans » le cœur de la Noblesse l'affreux poison de la discorde. Nous lui fîmes » envisager ses droits violés, sacrifiés » au titre chimérique de Citoyen, & » nous en fîmes autant d'ennemis du » peuple que de la liberté.

» Notre ligue qui paroissoit indestructible, grossissoit tous les jours. » Déjà nous ne gardions plus le secret, » levant insolemment nos têtes altieres, nous rejettions avec dédain les

» ſupplications & les larmes des ha-
» bitants, rongés par l'affreuſe miſere
» que nous avions fait naître : quelques
» jours de plus, & des fleuves de ſang
» inondoient la Capitale. Déjà ils ſe
» préſentoient à nos yeux, & nous
» nagions d'avance avec raviſſement
» dans ces ſources délicieuſes.

» Les citoyens maſſacrés l'un par
» l'autre ; les habitants égorgés par
» une troupe de brigands enrégimen-
» tés, aveuglément ſoumiſe à nos or-
» dres barbares ; les cadavres expirants
» les uns ſur les autres : voilà, mon
» Pere, le trophée que nous voulions
» élever à notre gloire immortelle, &
» le ſpectacle enchanteur que nous
» nous préparions.

» Lr ville réduite en un monceau
» de cendres, coup d'œil flatteur pour
» de nouveaux Néron, préſentoit à

» nos regards la plus agréable perſ-
» pective, & les préliminaires les plus
» ſanglants annonceront à la Patrie le
» ſignal horrible de la terreur & de la
» proſcription.

» Cette affreuſe conſpiration tou-
» choit au terme fatal de ſon exécu-
» tion ; les maiſons étoient déſignées,
» cent mille habitants alloient périr
» victimes de notre rage, lorſque la
» main de l'Être ſuprême détourna les
» coups cruels que nous allions porter,
» & l'imprudence trahit nos vues cri-
» minelles.

» Le féroce Lambeſc, à la tête d'une
» troupe de tigres altérés du ſang
» français, ſe livre trop tôt au ſen-
» timent qui nous animoit : aveugle
» dans ſes horribles tranſports, il
» commence l'alarme générale, &

» détruit nos projets par sa promptitude & son impatience.

» Les ministres de notre rage n'étoient point prêts ; nos satellites n'étoient point arrivés ; le nombre qui nous avoit vendu leurs bras & leur vie, étoit trop foible pour opposer à la vile populace que nous avions juré d'exterminer ; défenseurs de ses jours, de son existence, de sa liberté, les citoyens s'ameutent, s'arment & renversent en un instant nos plus cheres espérances.

» Terribles & bouillonnants de fureur, les vaillants Parisiens menacent nos jours, pour lesquels nous commençons à trembler. L'horreur se répand, le sang des traîtres coule ; prisonniers dans Versailles, tous les passages sont obstrués, & nous voyons avec douleur le triomphe nationnal.

» Journée malheureuse où nous » vîmes anéantir nos effroyables des- » seins ! Les larmes couloient de nos » yeux, la rage seule en faisoit naître » la source ; nos amis, nos partisans, » les scélérats ennemis du patriotisme » cruellement mutilés, traînés dans la » fange, leurs coupables têtes portées » au bout d'une lance, sembloient pré- » sager le juste sort qui nous étoit ré- » servé, & auquel la fuite nous a dé- » robés.

» O mon Pere ! l'indignation se » peint sur votre visage, & mainte- » nant elle regne dans tous les cœurs. » Où fuir ? où aller cacher ma honte » & mon affliction ? quel sera le peu- » ple assez insensé pour accueillir & » protéger le crime, la trahison & la » scélératesse ? Comment oser préten- » dre à un asyle, à un refuge ? Mon » nom seul ne sera-t-il pas le premier

» chef de ma condamnation ? & ne » sera-ce pas rendre un important ser- » vice à l'humanité, que de plonger » un poignard dans le sein de celui » qui vouloit être lui-même le bour- » reau d'un Peuple entier, pour repaî- » tre ses yeux de ce sanglant spectacle, » & faire jouir une femme barbare » & impitoyable, des fruits de l'hor- » reur qu'elle a conçue & conserve » encore dans son sein pour les Fran- » çais qui l'adoroient au moment où » elle méditoit leur ruine?

» Tonnez sur moi, grand Dieu ! » que votre foudre écrase sans misé- » ricorde la détestable furie, l'objet » de mes lâches amours & de mes cri- » minelles complaisances. Périssent de » même les infâmes Princes qui ser- » virent nos perfides complots ; qu'un » trépas ignominieux soit le salaire » des traîtres dont la France est in-

» fectée, & qui jouiſſent en paix du
» fruit de leurs honteux larcins.

» Paris, cette ſuperbe Cité, reine
» du monde, en proie à la famine,
» n'offre plus qu'un tableau pitoyable,
» dont la face ne peut changer qu'en
» détruiſant les monſtres qu'elle recele
» dans ſon ſein.

» O Maître ſuprême des humains,
» vous exaucez une partie de mes
» vœux! Un Prevôt des Marchands,
» le Gouverneur de la Baſtille, un
» Foulon, un Berthier ſont déjà les
» victimes que tu as abandonnés au
» reſſentiment national, maſſacrés par
» un peuple ſecouant le joug de l'op-
» preſſion & de la tyrannie. Leur tré-
» pas, loin d'exciter la compaſſion,
» fait naître la joie dans tous les cœurs,
» & les lambeaux ſanglants de leurs
» corps déchirés, ſont les holocauſtes
» offerts à la liberté.

» Tremblez Condé, Conti, Bour-
» bon, d'Enghien, & vous, miséra-
» bles artisans de la misere des Fran-
» çais ! Que le sort de vos semblables
» vous inspire un effroi continuel ! &
» si vous échappez à la légitime ven-
» geance pnblique, puisse l'affreux ser-
» pent du remord déchirer perpétuel-
» lement votre sein !

» Tel est, ô mon Pere, le détail des
» iniquités que l'orgueil & l'ambition
» m'ont fait commettre ! Je me rési-
» gne à la vengeance divine, & rece-
» vrai, sans murmurer, le coup qui
» ne tardera sûrement pas à trancher le
» fil des jours d'un infâme proscrit.

N. B. On invite le Public à ne point ajouter de foi au repentir tardif & forcé de S. A. S. on en doit distinguer toute la fausseté. Prions ſeulement l'Arbitre des deſtinées que ſes derniers vœux, tout impoſteurs qu'ils ſont, ſoient exaucés ; que le deſpotiſme ſoit anéanti, les traîtres maſſacrés, & que nos enfants jouiſſent du précieux bonheur de poſſéder la liberté dont nous voyons commencer le regne.

FIN.

www.ingramcontent.com/pod-product-compliance
Ingram Content Group UK Ltd.
Pitfield, Milton Keynes, MK11 3LW, UK
UKHW032022260826
14628UKWH00006B/2671

9 782329 478968